THALES THEMENHEFTE
DIE MODERNE TASCHENLEKTÜRE
INFORMATION + UNTERHALTUNG

Reden in Reimen

Fundgrube für Verlegenheitsdichter

THALES VERLAG

THALES THEMENHEFT Nr. 85
Reden in Reimen – Fundgrube für Verlegenheitsdichter
Text: Günter Nehm

Umschlaggestaltung: Manfred Lehnert
Druck: NIESSEN GmbH, Essen
ISBN 3-88908-585-7
THALES Verlag GmbH, D-45277 Essen

Gedruckt auf chlorfrei gebleichtem Papier

Vorwort

*Ein Fest erhält durch Geistentfaltung
Profil, Charakter und Gewicht.
Als Favorit der Unterhaltung
gilt ein gepflegtes Festgedicht.*

*Ob zu Geburtstag oder Trauung,
des Dichters Worte sind beliebt.
Stets spendet Freude und Erbauung,
was er gereimt zum Besten gibt.*

*In diesem Büchlein sind Poeme
und Einzelverse, welche man
ganz ohne jegliche Probleme
beliebig variieren kann.*

*Sie finden, wenn Sie Wert drauf legen,
ganz sicher Ihren eignen Stil.
Vermag das Buch, Sie anzuregen,
ist das bestimmt kein schlechtes Ziel.*

*Vielleicht, wenn Sie sich frei entfalten,
fällt Ihnen etwas Bess'res ein.
Um Glückwunschgrüße zu gestalten,
muß man nicht g'rade Goethe sein.*

Ist mal der Einstieg nicht zu zwingen,
legt sich der Reim mal völlig quer,
kann dieses Büchlein Hilfe bringen.
Das Dichten fällt dann nicht so schwer.

Doch soll man keine Verse schreiben,
durch die man in Verruf gerät.
Daß Reim und Versmaß sauber bleiben,
erfordert gute Qualität.

Schon manche Dichterhoffnung keimte
und reifte nie zu voller Pracht.
Ein kleiner Reim, der sich nicht reimte,
hat vieles schon kaputt gemacht.

Das Versmaß sollte niemals holpern.
Auf Takt und Rhythmus kommt es an.
Der Versfuß kommt sehr leicht ins Stolpern,
wenn man nicht richtig zählen kann.

Wie immer Sie das Buch verwenden,
es ist zur Hilfe gern bereit.
Ihr Glückwunsch möge Freude spenden
bei jeglicher Gelegenheit.

Erfolg sei Ihnen stets beschieden.
Kein Mensch bewirft Sie dann mit Lehm.
Geduld und Spaß beim Verseschmieden
wünscht der Verfasser Günter Nehm.

Glückwünsche zur Geburt

Das helle Licht der Welt erblickend,
erstaunt und hoffnungsvoll betrat,
die Eltern hiermit froh beglückend,
ein Menschlein seinen Lebenspfad.

Auf diesem mag es wacker schreiten
mit einem fröhlichen Gesicht,
und immer sollen es begleiten
Gesundheit, Mut und Zuversicht.

Es stellt sich heut die bange Frage:
Wie wird's dem Sprößling mal ergehn?
Gottlob ist niemand in der Lage,
den Lebensweg vorauszusehn.

Wie immer auch die Würfel fallen,
das Schicksal seine Possen treibt,
wir wünschen sehr, daß Ihnen allen
Fortuna stets gewogen bleibt.

Ein kleiner Junge kam zur Welt.
Dem wünschen wir viel Glück und Segen
und daß man ihm kein Beinchen stellt
auf wandernswerten Lebenswegen.

Als strahlendster Familienschmuck
ist wohl der Nachwuchs zu betrachten.
Den Eltern einen Achtungsschluck,
die dieses Meisterwerk vollbrachten.

❀❀❀❀❀

Hallo ...., die Mama
hat's geschafft, jetzt bist Du da.
Schon mit Ungeduld erwartet
bist Du in die Welt gestartet
und Du hast, so ist zu hoffen,
alles bestens angetroffen.

Hallo ...., wenn Du schlau bist,
nimm Dir, da die Welt sehr rauh ist,
für Dein Gastspiel hier auf Erden,
recht viel Zeit zum Älterwerden
und genieße unbeschränkt
froh, was Dir das Leben schenkt.

Möge es vor allen Dingen
Freude und Gesundheit bringen,
Wissensdrang und Offenbarung,
auch manch nützliche Erfahrung,
freie Bahn und off'ne Türen,
die zu neuen Ufern führen.

Kommen dann ganz ungebeten
noch die nötigen Moneten,
die Dein Brötchen garantieren,
kann Dir gar nichts mehr passieren.
Fest wolln wir die Daumen drücken,
daß Dir alle Pläne glücken.

Doch wir haben unterdessen
Deine Eltern fast vergessen,
die Dich sicher gut betreuen.
Sag, daß wir uns riesig freuen
und zu Deinem Existieren
allerherzlichst gratulieren.

Daß Fortuna mit viel Güte
Dich ein Leben lang behüte,
Deine Lebensfreude mehre,
über Dich ihr Füllhorn leere,
Dich mit ihrer Gunst erfreu,
schließen wir mit toi, toi, toi!

Voller Spannung war Dein Werden
und die Ankunft hier auf Erden,
was uns alle sehr erfreute,
froh begrüßen wir Dich heute.

Schau Dich an, jetzt bist Du eine,
wenn auch noch ’ne ziemlich kleine,
doch es wären dumme Faxen,
sich zu wünschen, schnell zu wachsen.

Mögest Du zu allen Zeiten
frohgemut durchs Leben schreiten.
Reich mag Dich das Glück bescheren
und Dir nie den Rücken kehren.

Doch wir wollen nicht versäumen,
Deinen Eltern einzuräumen,
daß sie diese Glückwunschschrift
letzten Endes auch betrifft.

Sag, wir ließen gratulieren.
Sollten sie das nicht kapieren,
ja, dann kannst Du ihnen eben
diesen Brief zu lesen geben.

Laß Dir für Dein junges Leben
noch den einen Ratschlag geben:
Höre, fühle, sieh, begreif
und halt stets die Ohren steif.

Geburtstagsglückwünsche zur Auswahl

Zum Wiegenfeste alles Gute!
Zur Freude immer einen Grund!
Bleib alle Zeit bei frohem Mute,
aktiv, sympathisch und gesund.

Wir wünschen Dir das Allerbeste,
daß niemals Dich das Glück verläßt,
dazu im Kreise lieber Gäste
ein fröhliches Geburtstagsfest.

Wir wünschen Glück zum Wiegenfeste,
Gesundheit, Kraft und außerdem
bei frohem Mut und weißer Weste
den Kniff zu jeglichem Problem.

❀❀❀❀❀

Schon wieder ist ein Jahr verflossen,
und darum heißt es: Aufgepaßt!
Zur rechten Zeit wird eingegossen,
wann immer Du Geburtstag hast.

Dann wünschen wir Dir Glück und leeren,
mit Nachschub sind wir gut versehn,
um Freude und Erfolg zu mehren,
die Gläser auf Dein Wohlergehn.

Was wir konkret hierdurch erreichen,
ist uns noch immer nicht ganz klar.
Vielleicht gibst Du uns mal ein Zeichen,
ob unser Einsatz nützlich war.

❀❀❀❀❀

Wenn sich die Lebensjahre runden,
ist solch ein Tag dazu bestimmt,
mit einem Glückwunsch zu bekunden,
daß man von Herzen Anteil nimmt.
Wir wünschen deshalb Heil und Segen
zum ....-jährigen Bestehn,
viel Glück auf allen Lebenswegen,
Zufriedenheit und Wohlergehn.

❀❀❀❀❀

Du wirst im Kreise Deiner Lieben
heut' .... Jahre alt
weshalb, von Sympathie getrieben,
für Dich ein „Dreimalhoch" erschallt.

Wir wünschen Dir zu Heil und Segen
das große Los so dann und wann,
viel Sonnenschein auf allen Wegen
und was man sonst noch brauchen kann.

Daß Du Erfolg hast alle Tage,
Fortuna niemals Dich verläßt
und nie das Zipperlein Dich plage,
ist unser Wunsch zum Wiegenfest.

Herzlich wolln wir gratulieren,
weil Du heut Geburtstag hast.
Bleib gesund an Herz und Nieren
und verschont von Frust und Knast.

Alle Tage nach dem Motto
„Jeder Tip ist einmal drin",
wünschen wir im Zahlenlotto
Dir 'nen dicken Hauptgewinn.

Ohne Blasen an den Füßen
sollst Du Deiner Wege gehn.
Laß Dich vielmals von uns grüßen
bis zum nächsten Wiedersehn.

So gerne wollt' ich Dich beglücken,
und ein paar bunte Blumen pflücken,
um Deinen Gabentisch zu schmücken.
Da traf die Hexe mich beim Bücken.

Nun drängt es mich, mit Achtungsschlücken
die besten Wünsche auszudrücken
und Dich zu aller Welt Entzücken,
verdient ins rechte Licht zu rücken.

Bescheren Dir des Schicksals Tücken
im Zahnbereich mal böse Lücken,
so möge man mit festen Brücken
und Kronen Deinen Mund bestücken.

Mein Wunsch für Dich: Genügend Mücken
und eine Laufbahn ohne Krücken!

Heute wirst Du ohne Frage
runde .... Jahre alt
und zu diesem Ehrentage
laut ein „Dreimalhoch“ erschallt.

Aus dem Kreise der Bekannten
trifft so mancher Glückwunsch ein.
Wir sind froh als Gratulanten
ebenfalls dabei zu sein.

Freude an des Lebens Buntheit
wünschen wir statt Not und Pein.
Optimismus und Gesundheit
mögen stets Begleiter sein.

Bleibe immer frohen Mutes,
alle Fährnis zu bestehn.
Was wir wünschen, ist nur Gutes,
Tatkraft, Glück und Wohlergehn.

Das mag alle Zeit so bleiben,
überall bei Tag und Nacht.
Um die Sorgen zu vertreiben,
ist ein Trinkspruch angebracht:

Laßt uns unsre Gläser heben.
Dazu sind wir schließlich hier.
Hoch soll unser(e) ..... leben!
Freunde, darauf trinken wir.

Ein Mensch auf seiner Lebensreise,
hat .... Jahre absolviert,
wozu man ihm in netter Weise
von allen Seiten gratuliert.

Schon mancher, der sein Sprüchlein sagte,
war vor Erstaunen sichtlich platt
und fragt sich, wie der Hochbetagte
sich nur so gut gehalten hat.

Von Schwäche ist noch nichts zu merken,
er hat zwar nicht die alte Kraft,
doch Schwung genug zu neuen Werken
und Spaß, daß er sein Pensum schafft.

Auch die Beweglichkeit der Glieder
ist ohne jegliches Problem.
Sie ist, das merkt man immer wieder,
nur nicht so flott wie ehedem.

Man registriert mit frohem Lachen:
Es drückt mal hier und dort der Schuh.
Man muß halt manchen Abstrich machen,
doch Witz und Weisheit nehmen zu.

So wächst auch das Erkenntnisstreben,
daß man sich auf sein Tun besinnt
und mit Humor dem Erdenleben
die besten Seiten abgewinnt.

Es fragt der Mensch sich dann und wann:
Wann fängt das Greisenalter an?
Die Antwort lautet: Das verschiebt sich,
denn mancher hat mit *Fünfundsiebzig*

bei bester Kondition gedacht sich:
Die Grenze liegt bei *Fünfundachtzig,*
was ihn zehn Jahre später wundert,
denn jetzt denkt er schon mehr an *Hundert.*

Sehr klar zeigt sich auf diese Weise:
Der Mensch ist auf dem Weg zum Greise,
und keiner ändert was daran,
tagtäglich, schon von Jugend an.

Um Dich mag es genauso stehn;
wir wünschen stetes Wohlergehn,
Zufriedenheit und Glück zuhauf
bei einem frohen Lebenslauf.

Geburtstag ist ein Tag zum Freuen,
und wenn er sich gerundet jährt,
dann soll man nicht den Zehner scheuen,
der eine Korrektur erfährt.

Es ist kein Grund, erbost zu wettern,
die Zeit läuft stetig, nie extrem.
Das ungeliebte Zehnerklettern
liegt nur am Dezimalsystem.

Die Zeit kennt keinerlei Stationen.
Nur Zeitabschnitte, fest fixiert,
sind auf dem Marsch der Gen'rationen
im Stundenglase eingraviert.

Für jeden gibt es dort zwei Striche,
die nimmt man unbeirrt in Kauf,
fügt sich ins Unabänderliche,
dazwischen liegt der Lebenslauf.

Der soll, das mag das Schicksal walten,
von morgens früh bis abends spät
sich alle Zeiten gut gestalten
in Länge und in Qualität.

Drum wollen wir die Gläser heben,
um Glück zu wünschen sind wir hier.
Der Himmel mag den Segen geben.
Ein Prosit, darauf trinken wir!

Ein Mann mit jugendlichen Zügen
und schlanker, sportlicher Gestalt
wird offensichtlich mit Vergnügen
heut runde sechzig Jahre alt.

Doch die sind ihm nicht anzumerken.
Er zeigt noch jugendlichen Schwung
und weiß sich körperlich zu stärken
durch nützliche Betätigung.

Er ist aktiv in Haus und Garten
und kann, vom Alter unbesiegt,
die Pensionierung kaum erwarten,
die schon so greifbar nahe liegt.

Dann wird das Leben sich verschönen,
weil ihn fortan kein Wecker stört,
und seine Frau wird ihn verwöhnen,
der er dann ganz allein gehört.

Doch nun zurück zum heut'gen Tage,
zu unserem Geburtstagskind,
dem wir, das steht ganz außer Frage,
von Herzen sehr gewogen sind.

Bleib uns recht lange noch erhalten.
Bewahre Dir in Freud und Leid
für uns, das mag der Himmel walten,
die Frohnatur für alle Zeit.

In Ehrfurcht beugen wir die Nase,
sofern Getränke vor uns stehn,
vor Dir und über uns'rem Glase.
Prost ...., auf Dein Wohlergehn!

❀❀❀❀❀

Ein Geburtstag wäre sicher
etwas weniger prekär,
wenn da nicht ein wesentlicher
Nachteil mit verbunden wär.

Man bemerkt beim Vorwärtsschreiten:
Uns're Zeit vergeht im Nu,
und man legt, wer will's bestreiten,
jedes Mal ein Jährchen zu.

Dabei soll es Jahre geben
mit 'ner schönen runden Zahl;
Dich erwartet das im Leben
heute schon zum .... mal.

Das ist nicht zu ignorieren,
darum wollen wir geschwind,
hierzu fröhlich gratulieren:
Vivat dem Geburtstagskind!

❀❀❀❀❀

Ein Mensch, den wir sehr hoch verehren,
dem schon so mancher Glückwunsch galt,
wird ohne jedes Aufbegehren
heut .... Jahre alt.

Zwar grub das Leben manche Falten
in seine Haut so dann und wann,
und doch hat er sich frisch gehalten,
wie jedermann bemerken kann.

Heut ist ein Anlaß, zu erklären
und deutlich diesen Schluß zu ziehn:
Wir alle, die ihn schätzen, wären
doch sehr viel ärmer ohne ihn.

Der Mensch wird leider mit den Jahren
tagtäglich mehr zum Greis gemacht.
Des Alters Mühsal zu erfahren,
ist dem, der alt wird, zugedacht.

Jedoch der Geist bleibt stark und mächtig,
stellt man sich auf das Altern ein.
Ganz klar erkennt man: Es ist prächtig,
noch immer mit dabei zu sein!

Ganz herzlich wolln wir gratulieren
dem, der uns stets ein Vorbild war.
Er möge nie den Mut verlieren.
Viel Glück dem Altersjubilar.

Es ist allseits ohne Frage
ein Geburtstag sehr beliebt,
weil er uns an diesem Tage
einen Grund zum Feiern gibt.

Dieses Wiegenfest ist heute
nicht ganz simpel und normal,
denn man sagt, das Datum deute
auf 'ne schöne runde Zahl.

Wie die heißt, wird nicht verraten,
wichtig ist allein der Schluß,
daß man solche Jubeldaten
auch gebührend feiern muß.

Dankbar ist in diesem Kreise
sicher jeder liebe Gast,
den Du in so netter Weise
hierzu eingeladen hast.

Laßt uns uns're Gläser heben.
Glück zu wünschen, sind wir hier.
Hoch soll unser Freund heut leben.
Prosit, darauf trinken wir.

Hat man ein Jahrzehnt verbraten,
zieht man den korrekten Schluß,
daß man solche Jubeldaten
auch gebührend feiern muß.

Heute zählst Du .... Lenze,
und die Gratulantenschar
drückt symbolisch Blumenkränze
Dir auf Dein ergrautes Haar.

Alle wünschen Dir nur Gutes,
körperliches Wohlergehn
und die Gabe, frohen Mutes
hoffnungsvoll nach vorn zu sehn.

Daß auf Deiner Lebensreise
niemals Dich das Glück verläßt,
wünschen wir auf diese Weise
herzlich zum Geburtstagsfest.

Glückwünsche zur Hochzeit

Wir hoffen sehr, Ihr seid ab heute,
für immer glücklich und verliebt,
als frisch getraute Eheleute
die frohsten Menschen, die es gibt.

Wir wünschen auf vereinten Wegen,
Vertraun, auf das sich bauen läßt,
Familienglück und Kindersegen,
dazu ein schönes Hochzeitsfest.

Die Zukunft bringe alles Gute,
stets gegenseitiges Verstehn
und zu Erfolg und frischem Mute
gesundheitliches Wohlergehn.

Partnerschaft auf allen Wegen,
Glück, auf das sich bauen läßt,
Gottvertraun und Kindersegen
wünschen wir zum Hochzeitsfest.

Partnerschaft auf allen Wegen,
in der Liebe nie Verdruß,
Lebensfreude, Heil und Segen
wünschen wir zum Eheschluß.

❀❀❀❀❀

Voll Freude nahmen wir zur Kenntnis,
daß Ihr, zur Ehe froh bereit,
mit partnerschaftlichem Verständnis
ins Eheglück gestartet seid.

Wir wünschen auf vereinten Wegen
stets freie Bahn und grünes Licht,
dazu gesunden Kindersegen,
Vertrauen, Mut und Zuversicht.

❀❀❀❀❀

Wir wünschen Glück und alles Gute,
Vertrauen, Zuversicht und Kraft,
Zufriedenheit bei frohem Mute
und praktizierte Partnerschaft.

Fortuna mag auf allen Wegen
Euch treu begleiten Jahr für Jahr.
Von ganzem Herzen Heil und Segen
dem frisch getrauten Ehepaar.

❀❀❀❀❀

Es werden oft bei jungen Paaren
zum Eheschluß Bedenken laut,
doch dabei müssen sie erfahren:
Wer sich nicht traut, wird nie getraut.

Den Zustand habt Ihr überwunden,
um nun entschlossen, klipp und klar,
unwiderruflich zu bekunden:
Wir beide sind ein Ehepaar.

Wir wünschen hierzu alles Gute,
stets gegenseitiges Verstehn
sowie zu hoffnungsfrohem Mute
gesundheitliches Wohlergehn.

❀❀❀❀❀

Es haben sehr zufrieden heute
zwei junge und verliebte Leute,
nach ihrem Herzenswunsch befragt,
ganz laut und deutlich „Ja“ gesagt.

Und damit wird wohl allen klar:
Die beiden sind ein Ehepaar,
gewillt, in Liebe und Vertrauen
sich ihre Zukunft aufzubauen.

Wir hoffen sehr, es wird gelingen,
drum lassen wir die Gläser klingen,
um Zuversicht und Glück zu mehren
und Streit und Unheil abzuwehren.

Stets finde sich bei Ärgernis
ein akzeptabler Kompromiß
und in der Suppe nie ein Haar,
ein Prosit uns’rem Hochzeitspaar.

Hochzeitsreden

Ein Paar, in Liebe heiß entflammt,
hat heute auf dem Standesamt
nach seinem Herzenswunsch befragt,
zum Tausch der Ringe JA gesagt.

Dann gab der Vater Staat den Segen,
und jetzt spricht gar nichts mehr dagegen,
mit den erworbenen Lizenzen
in einer Liebe ohne Grenzen
aus Herzensgrund mit allen Sinnen
ein Eheleben zu beginnen,
bei dem das höchste Glück auf Erden
und schöne Träume Wahrheit werden.

Als Gäste wolln wir gratulieren
zu einem guten Harmonieren
und Fühlen von Geborgenheit
bei diesem Lebensweg zu zweit.

Wir alle wünschen wunderbare,
recht viele frohe Ehejahre,
die heute noch im Dunkeln liegen
und leider viel zu schnell verfliegen.

Die Zeit vergeht, das Pendel schwingt,
wer weiß schon, was die Zukunft bringt?
In einem jungen Eheleben
soll's mancherlei Erwartung geben,
die man, egal ob Frau ob Mann,
nicht immer ganz erfüllen kann.

Jetzt heißt es, Toleranz zu zeigen,
mal in des Partners Haut zu steigen
und seine Wünsche zu verstehn,
auf Argumente einzugehn,
den anderen zu überzeugen,
ganz sanft zu wandeln, nicht zu beugen,
ihn niemals rüde anzurempeln
und in der Seele umzukrempeln.

Wie alle andern kommt Ihr zwei
an den Problemen nicht vorbei.
Nun zeigt es sich, ob Ihr begeistert
mit Einsicht die Probleme meistert,
statt bösen Blickes Euch mit schnöden
und gift'gen Worten anzuöden.

Zwar braucht der Mensch in aller Welt
ein ganz bestimmtes Spannungsfeld,
um nicht im abgesteckten Rahmen
im Trott des Alltags zu erlahmen,
doch wichtig ist, daß man ein Band,
das binden soll, nicht überspannt,
es ganz behutsam nur belastet
und seine Festigkeit ertastet.

So kann sich jeder voll entfalten,
und das geknüpfte Band wird halten.
Die Chancen hierzu stehen gut,
Euch fehlt es beiden nicht an Mut.

Ihr habt dazu, das ist bekannt,
Geschick, Gemüt und auch Verstand,
wißt alles über Recht und Pflicht,
habt Augenmaß und Zuversicht.

Mit richtig eingestellten Weichen
könnt Ihr das schönste Ziel erreichen
und mal dereinst in alten Tagen
mit voller Überzeugung sagen:
„Die Zeit des Nehmens und des Gebens
war wohl die schönste uns'res Lebens.

Wir machten Fehler dann und wann,
doch fing's noch mal von vorne an,
wir würden es mit frohem Lachen
noch einmal ganz genau so machen."
Bei diesem Punkte komm ich schließlich,
sonst werdet Ihr mir noch verdrießlich,
nach der Beschwörung mancher Tücken
zum Glückwunsch und zum Daumendrücken.

Ihr möget oft in Eurem Leben,
vereint zu neuen Ufern streben
und außerdem nur selten streiten,
Gesundheit soll Euch stets begleiten,
der Kummer soll sich minimieren
und nie sollt Ihr den Mut verlieren.

Das Leben ist, wer will's bestreiten,
vergleichbar mit den Jahreszeiten.
Der Frühling ist für Euch vergangen.
Der Sommer hat schon angefangen,
von dem Ihr tunlichst nichts verschenkt,
der Herbst kommt schneller als man denkt.

Im Winter und mit weißem Haar
wißt Ihr, wie schön der Sommer war.
Ich hörte mal ganz nebenbei,
die noch sehr junge Ehe sei
ein neues, doch noch leeres Haus,
bestellt es gut und macht was draus!

Ich möchte nun den Anstoß geben,
vereint die Gläser zu erheben.
Mir fällt, wie könnt es anders sein,
zum Abschluß nur ein Trinkspruch ein:
Dem jungen Paare Glück und Segen
auf allen seinen Lebenswegen.

Der Himmel mag das Paar bewahren
vor Katastrophen und Gefahren,
ihm in des Alltags schwerem Ringen
die nötigen Erfolge bringen,
es allzeit fürsorglich umhüllen,
mit immer frischem Mut erfüllen,
das Schicksal mit viel Güte lenken
und ihm gesunde Kinder schenken.

Wir alle trinken fröhlich heute
auf uns're jungen Eheleute,
daß sie, das mag der Himmel walten,
in Freud und Leid zusammenhalten
und daß die Ehe sie erfreu.
In diesem Sinne toi, toi, toi.

Ein attraktives Hochzeitspaar
hat heute vor dem Traualtar,
verliebt bis über beide Ohren,
auf ewig Treue sich geschworen.
Zwei Menschen traten Hand in Hand
in den ersehnten Ehestand
und haben, ehelich verbunden,
so hoffen wir, ihr Glück gefunden.

Drum freuen wir uns mit den beiden,
sie können lieben sich und leiden
und werden darum nie verzagen,
in Liebe alle Leiden tragen.
Es soll jedoch im Eheleben
nebst Leiden auch noch Freuden geben
und Glücksgefühle, welche man
in Reime gar nicht fassen kann.

Und diese wünscht dem jungen Paare
für viele lange Ehejahre
ein jeder der zum Hochzeitsfeste
so zahlreich angereisten Gäste.
Wir alle trinken fröhlich heute
auf uns're jungen Eheleute
und auf ein gut bestelltes Haus.
Bemüht Euch drum und macht was draus.

Hochzeitsständchen

Melodie: „Auf du junger Wandersmann“

Auf, Ihr jungen Eheleut',
seid beglückt und hoch erfreut.
Ihr habt Euch nun.
Was ist zu tun?

Fallt Euch niemals auf den Wecker.
Meidet Stunk und auch Gemecker.
Geht vereint durch dünn und dick.
Zieht dabei an einem Strick.

So ein armer Junggesell'
leidet und verzweifelt schnell,
bleibt er allein,
das muß nicht sein.

Auch ein Mädchen braucht die Liebe.
Das ist gut so, denn es bliebe
uns're Erde öd und leer,
wenn kein Mann zum Lieben wär.

Liebt Euch drum aus Herzensgrund,
denn die Liebe ist gesund.
Sie hält Euch jung
und stets in Schwung.

Haltet immer Euch die Treue.
Liebt Euch jeden Tag aufs Neue.
Seid gescheit und nutzt die Zeit,
wenn Ihr zwei zusammen seid.

Wichtig ist, wenn Ihr Euch fetzt,
daß Ihr nicht die Messer wetzt
und auch im Streit
vernünftig seid.

Greift nicht bei der ersten Panne
ohne Zögern gleich zur Pfanne.
Das verletzt zu sehr den Stolz.
Besser wär das Nudelholz.

Zu der Hochzeit wünschen wir
Freude, Glück und viel Plaisir,
das große Los
und immer Moos.

Bleibt gesund bei frohem Mute.
Für die Zukunft alles Gute,
in der Suppe nie ein Haar,
„Dreimalhoch" dem Hochzeitspaar!

❀❀❀❀❀

Glückwünsche zu Hochzeitsjubiläen

Zur goldnen Hochzeit alles Gute,
zur Freude immer einen Grund.
Bleibt alle Zeit bei frohem Mute,
sympathisch, rüstig und gesund.
Es war vor nunmehr fünfzig Jahren,
da tratet Ihr als junges Paar,
um Eure Liebe zu bewahren,
gemeinsam vor den Traualtar.

Ihr investiertet viel Vertrauen
und hieltet das Versprechen ein,
vereint die Zukunft aufzubauen
und füreinander dazusein.
Jetzt könnt Ihr fröhlich jubilieren,
da sich das Eheleben glatt
und ohne Zwang zum Reparieren
als sehr stabil erwiesen hat.

So soll es auch in Zukunft bleiben,
Euch winkt noch nicht das Abstellgleis.
Das kann wohl jeder unterschreiben
der Euch als Freund zu schätzen weiß.
Fortuna mag Euch stets begleiten,
Euch fest und treu zur Seite stehn.
Wir wünschen Euch zu allen Zeiten
gesundheitliches Wohlergehn.

Zum Jubelfeste Eurer Trauung
in strahlend heller Silberpracht
sei Euch zur Freude und Erbauung
gereimt ein Glückwunsch dargebracht.

Ihr reichtet Euch vor vielen Jahren
verliebt und hoffnungsfroh die Hand,
um so gemeinsam zu erfahren
erfülltes Glück im Ehestand.

Nun schließlich kommt der Silbersegen
nach fünfundzwanzig Jahren an.
Jetzt heißt es, gut das Silber pflegen,
weil Silber leicht beschlagen kann.

Bewahrt Euch darum seinen Schimmer.
Ein Silberputztuch liegt bereit,
daß Ihr durch seine Nutzung immer
in glänzender Verfassung seid.

Daß dieser Glanz Euch lang erfreue,
sei Euch das Schicksal weiter hold,
bis sich dereinst in Lieb und Treue
das Silber wandeln mag zu Gold.

Die goldne Hochzeit liegt noch ferne,
doch wenn die Liebe nicht vergeht,
habt Ihr Euch noch genau so gerne,
wenn sie mal vor der Türe steht.

Wenn sich die Ehejahre runden,
ist solch ein Tag dazu bestimmt,
mit einem Glückwunsch zu bekunden,
daß man von Herzen Anteil nimmt.

Drum sei zum Jubelfest der Trauung
in hellem Glanz der goldnen Pracht
Euch jetzt zur Freude und Erbauung
gereimt ein Glückwunsch dargebracht.

Ihr reichtet Euch vor fünfzig Jahren
verliebt und hoffnungsfroh die Hand,
um so gemeinsam zu erfahren
erfülltes Glück im Ehestand.

Ihr habt, um glücklich hier zu landen,
das Eheschifflein mit Bedacht
und ohne unterwegs zu stranden
im Hafen sicher festgemacht.

Dort mag's im goldnen Abendschimmer
für Gäste an der Mole stehn,
für seine Mannschaft gibt es immer
noch keinen Grund, von Bord zu gehn.

Bleibt uns recht lange noch erhalten.
Bewahrt Euch auch in Freud und Leid,
das mag ein gutes Schicksal walten,
die Zuversicht für alle Zeit.

Wir wünschen jedenfalls nur Gutes,
zur Freude immer einen Grund.
Bleibt auch in Zukunft frohen Mutes,
sympathisch, rüstig und gesund.

In Ehrfurcht beugen wir die Nase,
und wer Euch kennt, der wird's verstehn,
vor Euch und über uns'rem Glase
auf Euer beider Wohlergehn.

Wir wollen uns're Gläser heben.
Zum Gratulieren sind wir hier.
Das liebe Jubelpaar soll leben,
recht lange, darauf trinken wir.

❀❀❀❀❀

Glückwünsche zur Konfirmation

Wir wollen herzlich gratulieren,
daß Du als überzeugter Christ,
nach einem frohen Konfirmieren,
nun Mitglied der Gemeinde bist.

Dir sei vergönnt, zu allen Zeiten
bewußt den rechten Weg zu gehn,
und immer möge Dich begleiten
gesundheitliches Wohlergehn.

Glückwunsch zur Kommunion

Wir gratulieren Dir von Herzen,
daß Du, beim Abendmahl zu Gast,
im feierlichen Schein der Kerzen
die Kommunion empfangen hast.

Geh alle Zeit auf g'raden Wegen.
Schließ auch Dein Herz für and're auf.
Wir wünschen Dir des Himmels Segen
und einen frohen Lebenslauf.

Glückwünsche zum Dienstjubiläum

Nach .... Arbeitsjahren
ist man verdienter Jubilar,
um bei der Ehrung zu erfahren,
wie nützlich man der Firma war.

Man weiß sich endlich einzuschätzen
und merkt, daß das Gehalt fürwahr,
gemessen an des Redners Sätzen,
bisher ein wenig mager war.

Doch will man keinen Ärger zeigen,
wenn man im Mittelpunkte steht.
Vom schnöden Mammon soll man schweigen,
wenn es um Ruhm und Ehre geht.

Man ist bereit, mit frohem Mute
auch weiter seinen Mann zu stehn.
Wir wünschen hierzu alles Gute,
Gesundheit, Glück und Wohlergehn.

Heut zum Jubiläumsfeste
wünschen wir Dir nette Gäste,
die man gut und reichlich mäste,
damit keiner durch Proteste
Dir die gute Luft verpeste.
Ferner wünschen wir zum Feste
Schutz vor Kummer und Moleste,
in den Gläsern keine Reste,
immer eine weiße Weste,
nie ein Kuckucksei im Neste,
kurz gesagt: Das Allerbeste!
Zeig Dich als der nie gestreßte
Siegertyp auf dem Podeste.

Glückwünsche zum Ausscheiden aus dem Berufsleben

Ein altbewährter Mitarbeiter,
in seiner Branche wohlbekannt,
tritt teils ergriffen und teils heiter
in den verdienten Ruhestand.

Er hat in vielen langen Jahren
mit Fleiß geknobelt und erdacht
und so Maschinen und Verfahren
mit auf den heut'gen Stand gebracht.

Er feierte, schon reif an Jahren,
sein sechzigstes Geburtstagsfest
und ist sich voll und ganz im klaren,
daß sich die Zeit nicht halten läßt.

Zu hoffen ist bei dieser Lage,
das sagen wir ganz frank und frei,
daß das Shake-hands am heut'gen Tage
nur offiziell ein Abschied sei.

Die Zukunft bringe Heil und Segen,
gepaart mit Weisheit und Verstehn,
und nebst Erfolg auf allen Wegen
gesundheitliches Wohlergehn.

Ein Mensch, den wir besonders schätzen,
der in des Alltags Müh und Hetzen
stets große Sympathien fand,
geht heute in den Ruhestand.

Das wird sich, frei von Mühn und Plagen,
im Tagesablauf niederschlagen,
was sich beim Aufstehn gegen acht
schon positiv bemerkbar macht.

In Zukunft möge ihn erfreun
ein gutes Frühstück gegen neun,
von aller Hast und Sorge frei
mit einem weichgekochten Ei.

Das ist die beste Vorbereitung
zum Studium der Tageszeitung,
wofür, es geht nicht so geschwind,
zwei Stunden anzusetzen sind.

Dann ist er sicherlich bereit
für Garten- oder Hausarbeit.
Man muß sie ab und zu betreiben,
um körperlich auch fit zu bleiben.

Er kann zuhause mittagessen,
doch danach darf er nicht vergessen,
den Körper liebevoll zu pflegen
und sich ein Stündchen hinzulegen.

Dann läßt er – nach dem Kaffeetrinken–
sich tief in einen Sessel sinken,
vielleicht mit einem guten Buche
zur Freude und Erbauungssuche.

Wir sparen uns die letzten Zeilen,
den Rest des Tages einzuteilen.
Der Mensch wird etwas Freiraum brauchen,
in seine Wunschwelt einzutauchen.

Die Zukunft möge stets enthüllen,
daß seine Wünsche sich erfüllen
und daß bei allem, was er treibt,
er froh, gesund und munter bleibt.

Glückwünsche zu bestandenen Prüfungen

Du hast die Prüfung mit Elan
und mit Bravour gemeistert.
Das gibt Dir Mut und freie Bahn.
Wir alle sind begeistert.

Die große Hürde ist geschafft,
es halfen Fleiß und Streben.
Wir wünschen weiter Mut und Kraft
und stets Erfolg im Leben.

❀❀❀❀❀

Die Prüfung ist nun überstanden,
kein Grund zur Sorge mehr vorhanden.
Der Prüfling ist vergnügt und lacht,
das hat er wirklich gut gemacht.
Jetzt hat er endlich sein Papier,
von Herzen gratulieren wir.

❀❀❀❀❀

Bekanntlich hebt ein neuer Titel
Prestige und finanzielle Mittel
und außerdem das Selbstvertrauen,
wenn alle andern aufwärts schauen.

So nimm denn uns're Ovationen,
die die Verbundenheit betonen,
die wir für Dich im Herzen hegen,
mit einem Glückwunschgruß entgegen.

Glückwünsche zum Einzug

Der große Umzug ist geschafft.
Nun kostet es noch ein paar Schichten
und etwas Energie und Kraft,
die neue Wohnung einzurichten.

Doch nur Geduld, ab übermorgen
seid Ihr vielleicht schon besser dran.
Befreit von allen Umzugssorgen,
fängt dann ein neues Leben an.

Die Wohnung, das steht außer Frage,
ist ein erheblicher Gewinn.
Wir wünschen Glück zum Einzugstage
und Segen für den Neubeginn.

Dies Gästebuch voll nackter Seiten,
dereinst verschönt durch Bild und Reim,
soll Euren Lebensweg begleiten
im frisch erworb'nen Eigenheim.

Man mag es froh und bunt gestalten,
wer's gerne tut, der trägt sich ein.
Um frohe Stunden festzuhalten,
muß man nicht g'rade Goethe sein.

Daß dieses Buch mal fröhlich endet,
das Schicksal ohne Paukenschlag
sich immer nur zum Guten wendet,
ist unser Wunsch zum Einzugstag.

❀❀❀❀❀

Wünsche zur Genesung

Als Patient im Krankenhaus
mögest Du recht bald gesunden,
während wir mit Blumenstrauß
unser Mitgefühl bekunden.

Brauchst Du jetzt auch viel Geduld,
bleibe stets bei frohem Mute
und auch in der Schwestern Huld.
Recht viel Glück und alles Gute.

❀❀❀❀❀

Nach 'nem Unfall sagt man immer,
um sich etwas Trost zu gönnen,
daß es vielleicht noch viel schlimmer
dabei hätte kommen können.

So gesehen ist gewöhnlich
alles besser zu ertragen,
und der Mensch zeigt sich versöhnlich,
nicht vom Schicksal hart geschlagen.

Daß Dich niemals mehr ereilen
folgenschwere Schicksalstücken
und die Wunden schnell verheilen,
wollen wir die Daumen drücken.

❀❀❀❀❀

THALES THEMENHEFTE
DIE MODERNE TASCHENLEKTÜRE
INFORMATION + UNTERHALTUNG